FULL SCORE

WSC-19-003

吹奏楽譜＜コンクール／吹奏楽オリジナル　Small Band＞

アラジン
〔コンクール・エディション〕（小編成版）

Aladdin (Competition Edition)(Small Band)

作曲：Alan Menken
編曲：郷間幹男　Arr. by Mikio Gohma

アラジン〔コンクール・エディション〕（小編成版）

作曲：Alan Menken　編曲：郷間幹男

Instrumentation

Flute
 (Piccolo) ×2
Oboe ×1
B♭ Clarinets 1 & 2 ×2
B♭ Clarinet 3 ×1
Bass Clarinet ×1
Alto Saxophones 1 (& *2*) ×2
Tenor Saxophone ×1
Baritone Saxophone ×1
B♭ Trumpet 1 ×1
B♭ Trumpet 2 ×1
F Horn 1 ×1
F Horn 2 ×1
Trombone 1 ×1
Trombone 2 ×1
Euphonium ×1
Tuba ×1
String Bass ×1
Timpani ×1
Percussion 1 ×1
 …Finger Cymbal, Sleigh Bell,
　Ride Cymbal, Snare Drum, Wind Chime,
　Tam-tam, Hi-Hat, Triangle
Percussion 2 ×1
 …Tam-tam, Bongo, Suspended Cymbal,
　Crash Cymbals, Triangle, Bass Drum
Percussion 3 ×1
 …Glockenspiel, Xylophone
Piano ×1

＊イタリック表記の楽譜はオプション

■ 曲目解説

　1992年に公開されたアニメーション映画「アラジン」。観る人の心をわくわくさせるファンタジックなストーリーで世界中を虜にした名作です。中でも映画音楽界の巨匠、アラン・メンケンが手掛けた音楽は格別。アカデミー賞を受賞した『ホール・ニュー・ワールド』はもちろんのこと、エキゾチックで独特な雰囲気を持った劇中曲は名曲ぞろいで、国や世代を超えて愛され続けています。このアレンジでは、人気楽曲『ホール・ニュー・ワールド』『フレンド・ライク・ミー』『アラビアン・ナイト』をはじめとする、全7タイトルを抜粋。シンフォニックなサウンドと次々と移り変わるゴージャスな楽曲展開が、コンクールにぴったりなおすすめの楽譜です。

〈使用曲〉
アラビアン・ナイト　Arabian Nights
フレンド・ライク・ミー　Friend Like Me
アリ王子のお通り　Prince Ali
ホール・ニュー・ワールド　A Whole New World
ジャファーの出番　Jafar's Hour
闘い　The Battle
幸せな都、アグラバー　Happy End In Agrabah

■ 編曲者からのコメント

　次々と場面が変わり展開していくメドレー形式になっています。それぞれの曲調の違いをはっきりと出し、メリハリのある演奏にしましょう。

冒頭、A… タムタムのソロから、一気に"アラジン"の世界へと入ります。伴奏は楽譜に忠実に演奏してほしいですが、メロディーは単純になりすぎないように気を付けましょう。3連符の音をしっかり強調するとより良いでしょう。
B… 3小節のブリッジの後、ジャジーな曲へと展開。裏拍の音を抜きすぎないで強めに演奏するように意識すると、ジャズの雰囲気が出やすくなります。
D… アルトサックスのソロは哀愁漂う音色で。その後、バンド全体でしっかりとクレッシェンドし、E はよく響かせましょう。特に低音楽器が大事です。
G… テンポアップしてマーチ風の曲調になります。メロディーは低めの音域の楽器が担当しますが、全体的に重くならないよう前向きに演奏しましょう。
I… 曲調ががらりと変わって、ピアノが活躍します。mfやfの部分も、ピアノの音を聞きながら優しく綺麗な音色で演奏するように心がけてください。歌うところは、メロディーを包み込むように響かせて歌いましょう。
N… 前の曲とは完全に切り替えて、しっかりと発音し、音の立ち上がりを素早くするように心がけましょう。テンポが速くなってからはより鋭い音色で演奏してください。
S… この弱奏部分はたっぷりと時間を使って丁寧に演奏しましょう。
T… エンディングに向かっていきます。キラキラと輝くような音色でゴージャスに。最後はしっかりと揃えて締めくくりましょう。

(by 郷間幹男)

アラジン〔コンクール・エディション〕(小編成版)
Aladdin (Competition Edition) (Small Band)

Alan Menken

※2声の内どちらかを演奏する（人数のバランスを取って）

ご注文について

ウィンズスコアの商品は全国の楽器店、ならびに書店にてお求めになれますが、店頭でのご購入が困難な場合、当社WEBサイト・電話からのご注文で、直接ご購入が可能です。

◎当社WEBサイトでのご注文方法

winds-score.com

上記のURLへアクセスし、オンラインショップにてご注文ください。

◎お電話でのご注文方法

TEL.0120-713-771

営業時間内に電話いただければ、電話にてご注文を承ります。

※この出版物の全部または一部を権利者に無断で複製(コピー)することは、著作権の侵害にあたり、著作権法により罰せられます。

※造本には十分注意しておりますが、万一、落丁・乱丁などの不良品がありましたらお取り替えいたします。また、ご意見・ご感想もホームページより受け付けておりますので、お気軽にお問い合わせください。

Flute
(Piccolo)

アラジン〔コンクール・エディション〕（小編成版）
Aladdin (Competition Edition) (Small Band)

Alan Menken

B♭ Clarinets 1&2

アラジン〔コンクール・エディション〕（小編成版）
Aladdin (Competition Edition) (Small Band)

Alan Menken

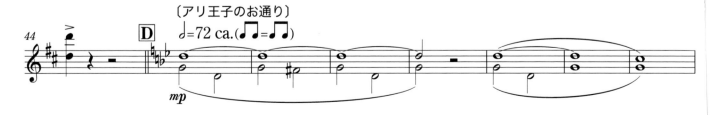

B♭ Clarinets 1&2

アラジン〔コンクール・エディション〕（小編成版）
Aladdin (Competition Edition) (Small Band)

Alan Menken

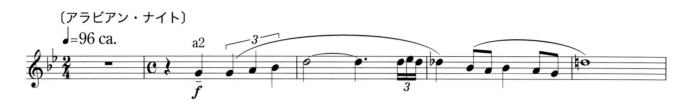

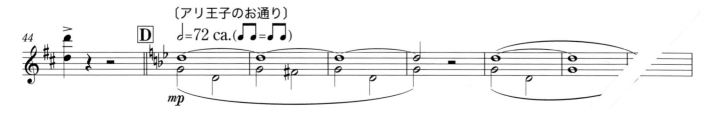

B♭ Clarinet 3

アラジン〔コンクール・エディション〕(小編成版)
Aladdin (Competition Edition) (Small Band)

Alan Menken

アラジン〔コンクール・エディション〕（小編成版）
Aladdin (Competition Edition) (Small Band)

Bass Clarinet

Alan Menken

Alto Saxophones 1&2

アラジン〔コンクール・エディション〕(小編成版)
Aladdin (Competition Edition) (Small Band)

Alan Menken

Alto Saxophones 1&2

アラジン〔コンクール・エディション〕(小編成版)
Aladdin (Competition Edition) (Small Band)

Alan Menken

Tenor Saxophone

アラジン〔コンクール・エディション〕(小編成版)
Aladdin (Competition Edition) (Small Band)

Alan Menken

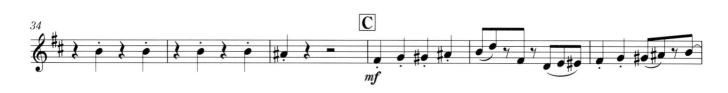

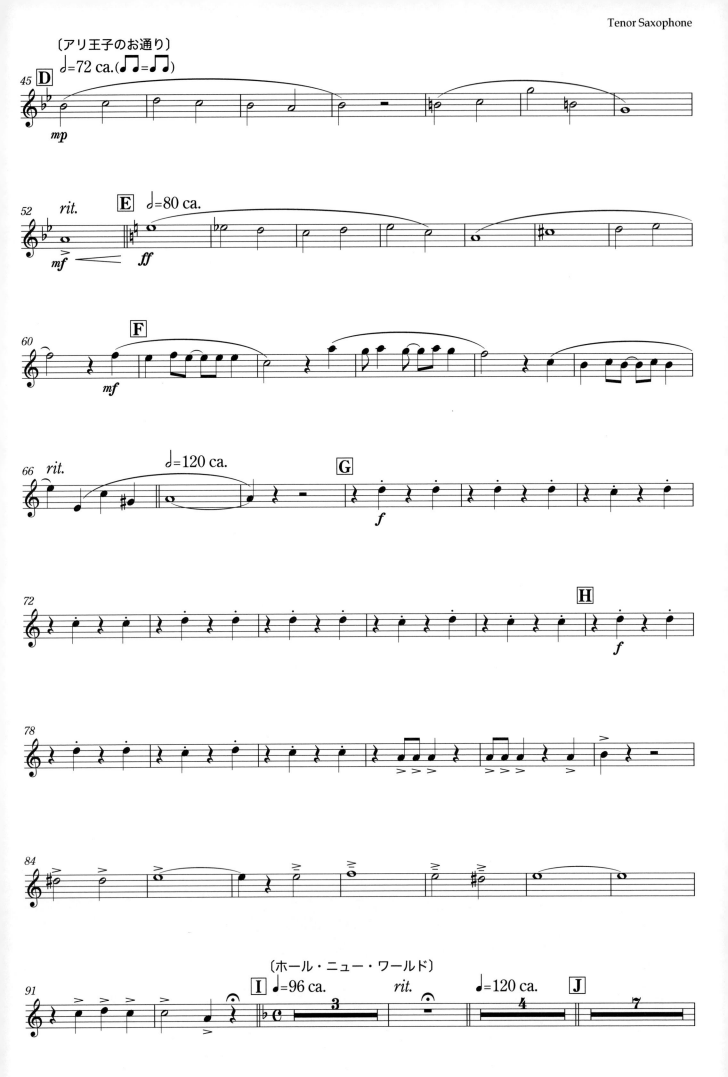

アラジン〔コンクール・エディション〕（小編成版）
Aladdin (Competition Edition) (Small Band)

Baritone Saxophone

Alan Menken

B♭ Trumpet 1

アラジン〔コンクール・エディション〕(小編成版)
Aladdin (Competition Edition) (Small Band)

Alan Menken

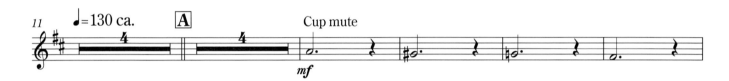

B♭ Trumpet 2

アラジン〔コンクール・エディション〕（小編成版）
Aladdin (Competition Edition) (Small Band)

Alan Menken

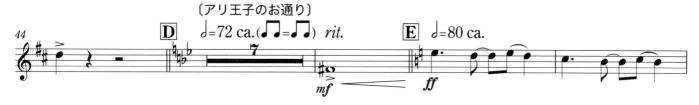

F Horn 1

アラジン〔コンクール・エディション〕（小編成版）
Aladdin (Competition Edition) (Small Band)

Alan Menken

F Horn 2

アラジン〔コンクール・エディション〕（小編成版）
Aladdin (Competition Edition) (Small Band)

Alan Menken

Trombone 1

アラジン〔コンクール・エディション〕（小編成版）
Aladdin (Competition Edition) (Small Band)

Alan Menken

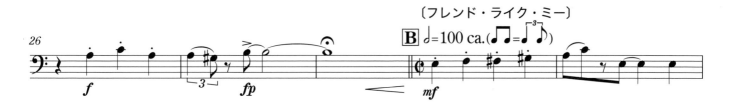

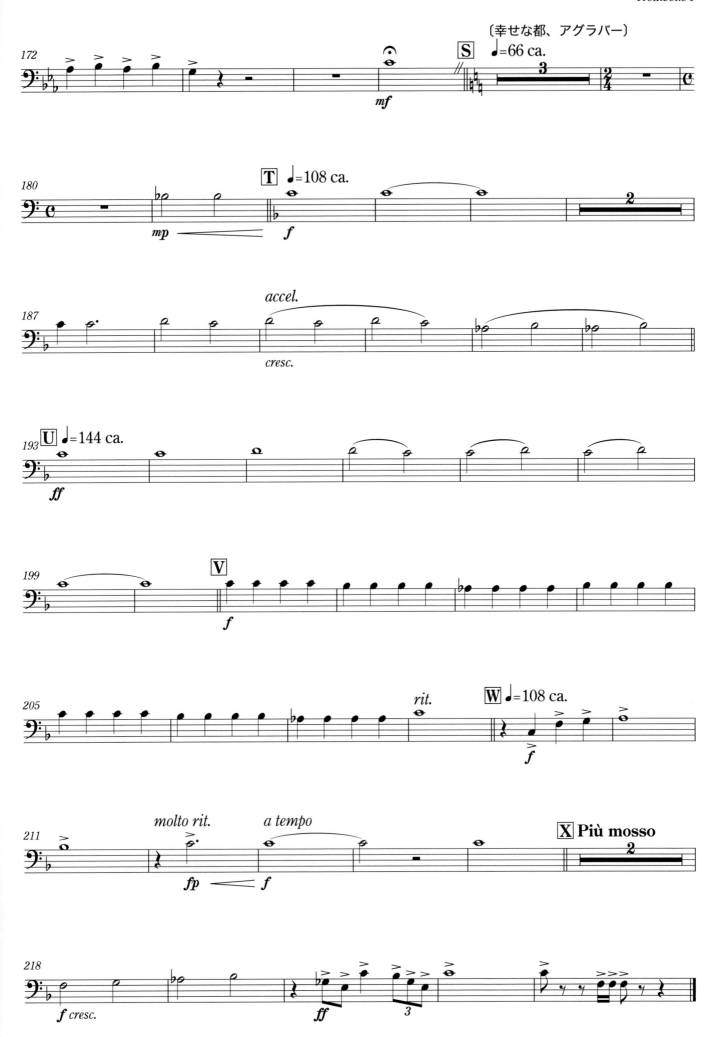

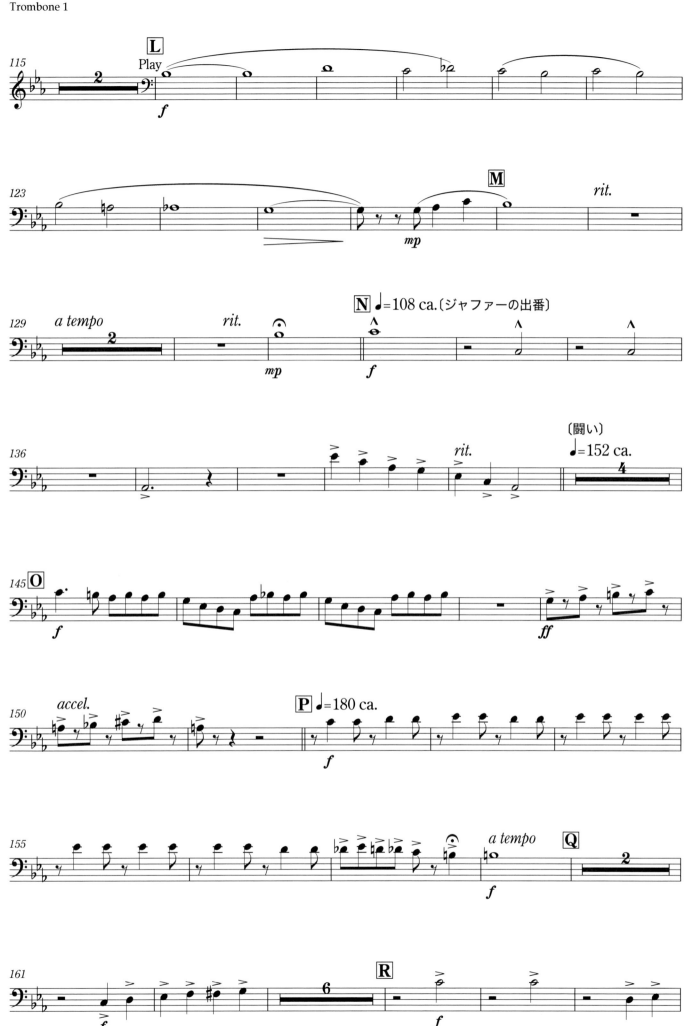

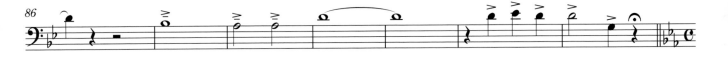
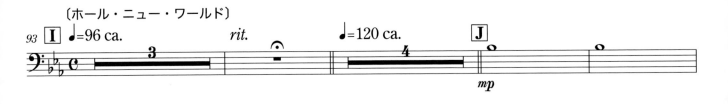

※2声の内どちらかを演奏する（人数のバランスを取って）

Trombone 2

アラジン〔コンクール・エディション〕(小編成版)
Aladdin (Competition Edition) (Small Band)

Alan Menken

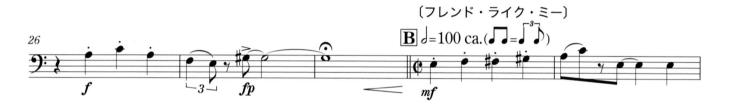

Trombone 2

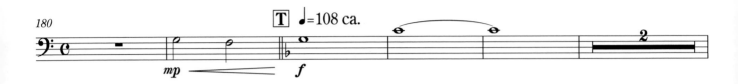

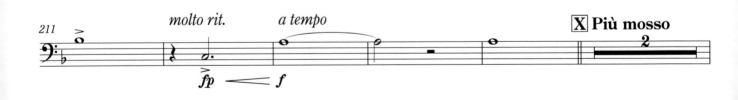

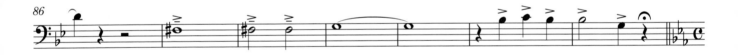
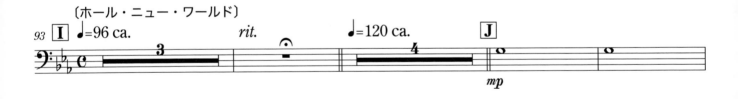

〔ホール・ニュー・ワールド〕

※2声の内どちらかを演奏する（人数のバランスを取って）

Euphonium

アラジン〔コンクール・エディション〕（小編成版）
Aladdin (Competition Edition) (Small Band)

Alan Menken

Euphonium

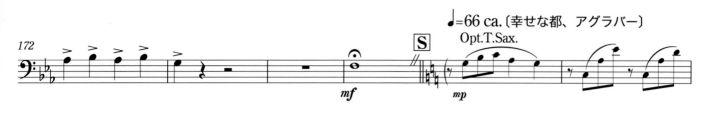

Euphonium

Euphonium

※2声の内どちらかを演奏する（人数のバランスを取って）

Tuba

アラジン〔コンクール・エディション〕（小編成版）
Aladdin (Competition Edition) (Small Band)

Alan Menken

String Bass

アラジン〔コンクール・エディション〕（小編成版）
Aladdin (Competition Edition) (Small Band)

Alan Menken

Timpani

アラジン〔コンクール・エディション〕(小編成版)
Aladdin (Competition Edition) (Small Band)

Alan Menken

※2声の内どちらかを演奏する（人数のバランスを取って）

Percussion 1

Finger Cymbal, Sleigh Bell, Ride Cymbal, Snare Drum,
Wind Chime, Tam-tam, Hi-Hat, Triangle

アラジン〔コンクール・エディション〕(小編成版)
Aladdin (Competition Edition) (Small Band)

Alan Menken

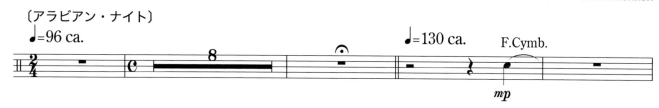

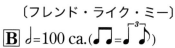

Percussion 1
Finger Cymbal, Sleigh Bell, Ride Cymbal, Snare Drum,
Wind Chime, Tam-tam, Hi-Hat, Triangle

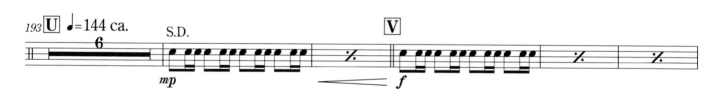

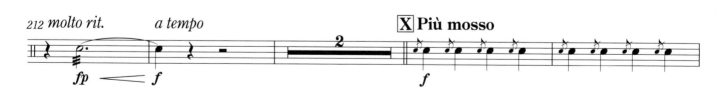

Percussion 2
Tam-tam, Bongo, Suspended Cymbal, Crash Cymbals, Triangle, Bass Drum

アラジン〔コンクール・エディション〕(小編成版)
Aladdin (Competition Edition) (Small Band)

Alan Menken

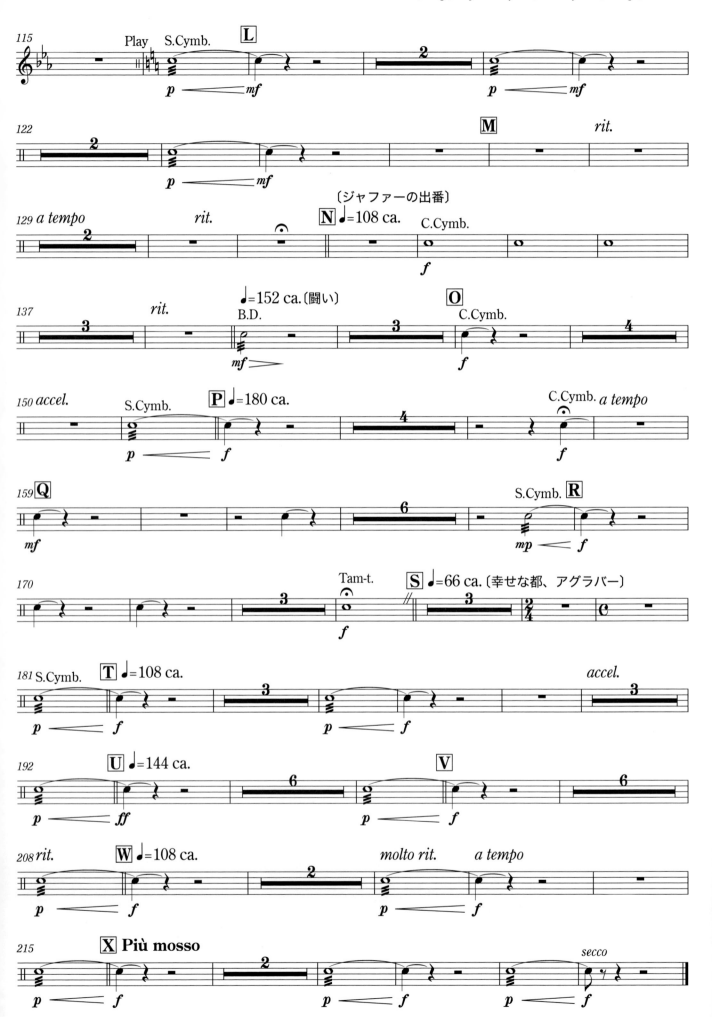

Piano

Piano

アラジン〔コンクール・エディション〕(小編成版)
Aladdin (Competition Edition) (Small Band)

Alan Menken

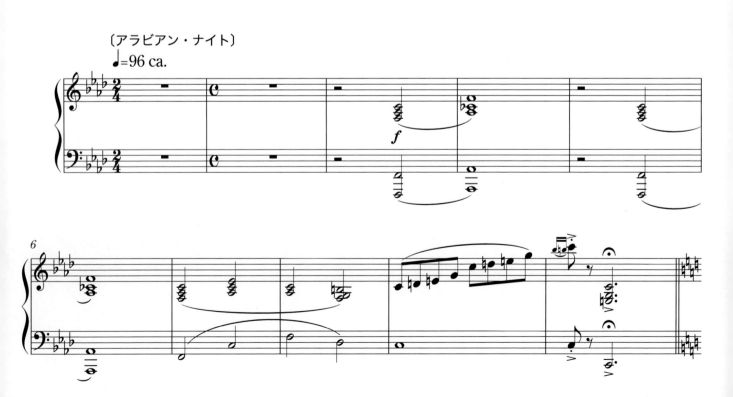